창의력·집중력·두뇌개발

다른 그림으로 만나는
재미있는 세상 !!

다른그림찾기

초판 1쇄 인쇄 | 2017년 12월 1일
초판 4쇄 발행 | 2019년 7월 17일

지은이 | 자연미디어북
펴낸이 | 이연자
디자인 | 부성
펴낸곳 | 자연미디어북
등 록 | 제2017-000129호
주 소 | 서울시 중구 필동로 8길 61-16
전 화 | 02-2274-5445/6
팩 스 | 02-2268-3773

ISBN 979-11-96243-33-3 70650

- 이 도서의 국립중앙도서관 출판예정도서목록(CIP)은 서지정보유통지원시스템 홈페이지 (http://seoji.nl.go.kr)와 국가자료공동목록시스템(http://www.nl.go.kr/kolisnet)에서 이용하실 수 있습니다. (CIP제어번호: CIP2017031414)

※ 이 책의 저작권은 <자연미디어북>에 있습니다. 저작권법에 의해 보호를 받는 저작물이므로 무단 전재와 복제를 금합니다.
※ 이 책은 www.shutterstock.com의 라이선스에 따라 적용 가능한 이미지를 사용하였습니다.
※ 잘못된 책은 <자연미디어북>에서 바꾸어 드립니다.

다른 그림 10개 찾기

FIND 10 DIFFERENCES

다른 그림 10개 찾기

FIND 10 DIFFERENCES

다른 그림 10개 찾기

FIND 10 DIFFERENCES

다른 그림 10개 찾기

FIND 10 DIFFERENCES

다른 그림 10개 찾기

FIND 10 DIFFERENCES

다른 그림 10개 찾기

FIND 10 DIFFERENCES

다른 그림 **10** 개 찾기

FIND 10 DIFFERENCES

다른 그림 **10** 개 찾기

FIND 10 DIFFERENCES

다른 그림 10 개 찾기

FIND 10 DIFFERENCES

다른 그림 10 개 찾기

FIND 10 DIFFERENCES

다른 그림 10개 찾기

FIND 15 DIFFERENCES

다른 그림 15개 찾기

다른 그림 15개 찾기

다른 그림 15개 찾기

다른 그림 15개 찾기

다른 그림 15개 찾기

다른 그림 15개 찾기

다른 그림 20개 찾기

FIND 20 DIFFERENCES

다른 그림 20개 찾기

FIND 20 DIFFERENCES

다른 그림 20개 찾기

FIND 20 DIFFERENCES

다른 그림 20개 찾기

다른 그림 20개 찾기

다른 그림 20개 찾기

다른 그림 20개 찾기

다른 그림 20개 찾기

다른 그림 20개 찾기

다른 그림 20개 찾기

다른 그림 20개 찾기

다른 그림 20개 찾기

다른 그림 20개 찾기

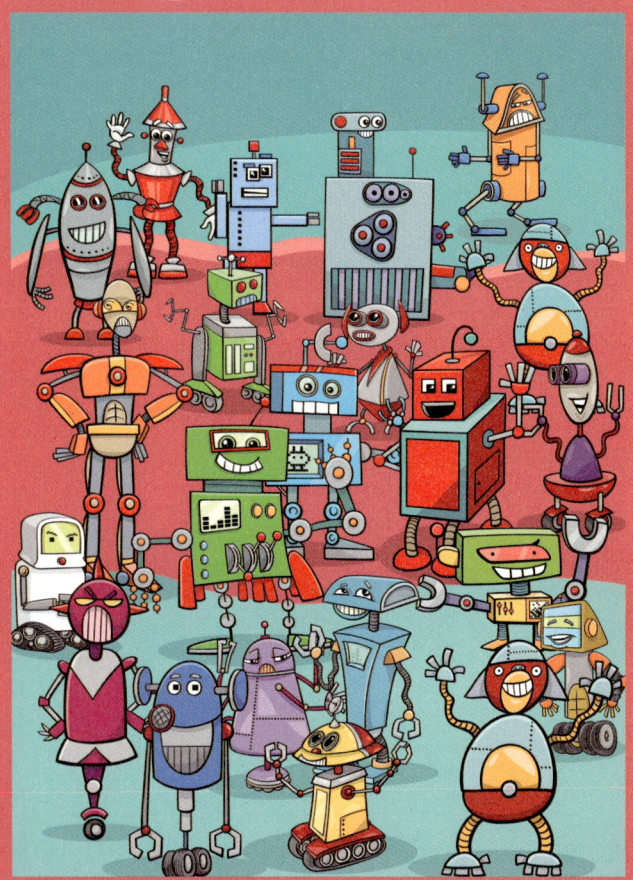

다른 그림 20개 찾기

다른 그림 20개 찾기

다른 그림 20개 찾기

다른 그림 20개 찾기

다른 그림 20개 찾기

73

다른 그림 20개 찾기

다른 그림 20개 찾기

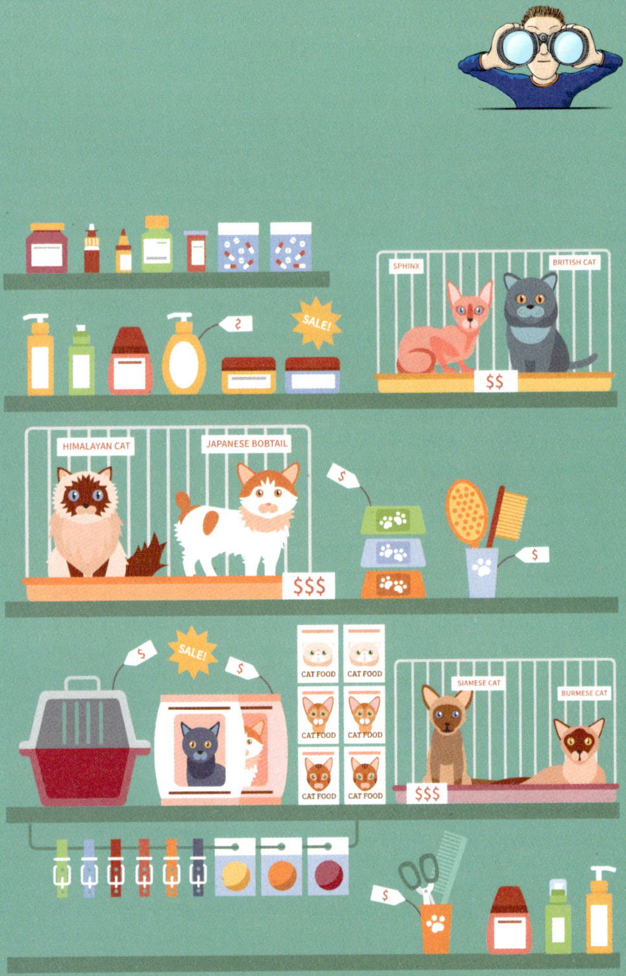
SPHINX
BRITISH CAT
$
SALE!
$$
HIMALAYAN CAT
JAPANESE BOBTAIL
$
$
$$$
$
SALE!
$
CAT FOOD
CAT FOOD
CAT FOOD
CAT FOOD
CAT FOOD
CAT FOOD
SIAMESE CAT
BURMESE CAT
$$$
$

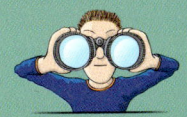

다른 그림 25개 찾기

다른 그림 25개 찾기

다른 그림 25개 찾기

다른 그림 25개 찾기

다른 그림 25개 찾기

다른 그림 25 개 찾기

다른 그림 25개 찾기

다른 그림 25개 찾기

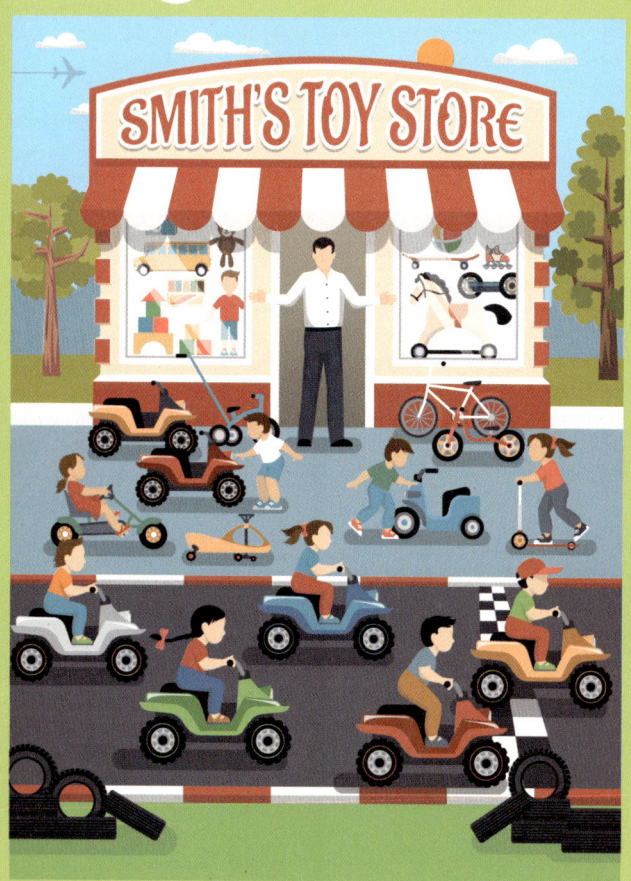

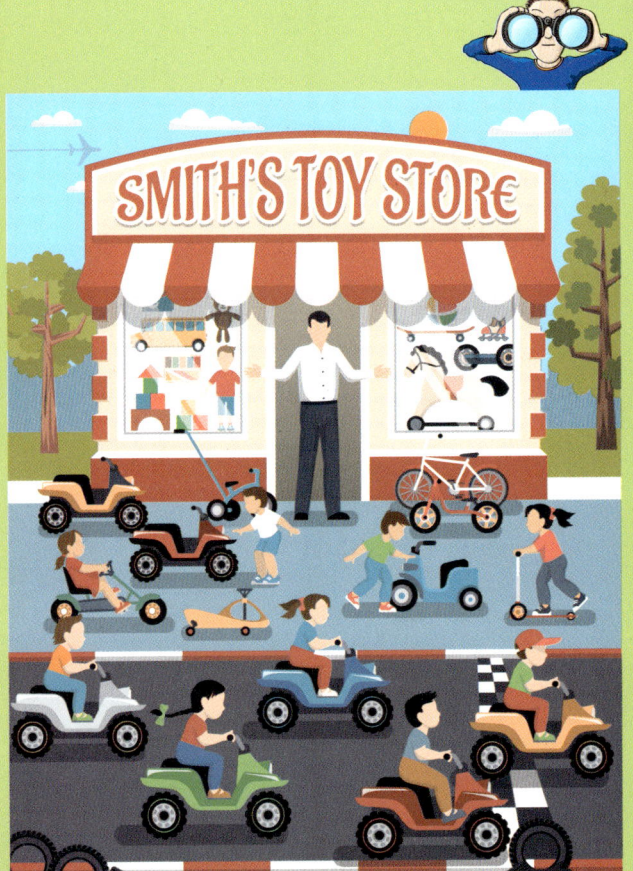

다른 그림 25개 찾기

다른 그림 30개 찾기

다른 그림 30개 찾기

다른 그림 30개 찾기

다른 그림 40개 찾기

다른 그림 40개 찾기

다른 그림 40개 찾기

다른 그림 40개 찾기

다른 그림 40개 찾기

다른 그림 **20**개 찾기 (해답은 118PAGE에 있습니다.)

창의력·집중력·두뇌개발

웨이크 업 브레인!
다른그림찾기

다른 그림으로 만나는
재미있는 세상!!

해답

p. 4

p. 5

p. 6

p. 7

p. 8

p. 9

p. 10  p. 11

p. 12  p. 13

p. 14  p. 15

p. 16  p. 17

p. 18

p. 19

p. 20

p. 21

p. 22

p. 23

p. 24

p. 25

p. 26

p. 28

p. 30

p. 32

해답

p. 112

p. 34

p. 36

p. 38

p. 39

p. 40

p. 41

p. 42

p. 43

p. 44

p. 46

해답 119

p. 48

p. 50

p. 52

p. 54

p. 56

p. 58

p. 60

p. 62

p. 64

p. 66

p. 68

p. 70

p. 72

p. 74

p. 76

p. 78

p. 80

p. 82

p. 84

p. 86

p. 88

p. 90

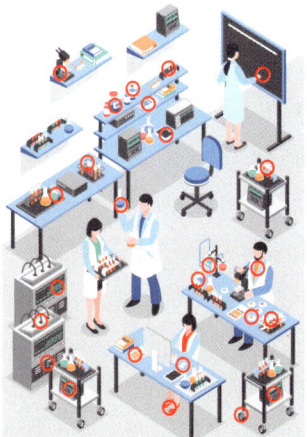

p. 92

p. 94

p. 96

p. 98

p. 100

p. 102

p. 104

p. 106

p. 108

p. 110

창의력·집중력·두뇌개발

**웨이크 업 브레인!
다른그림찾기**

다른 그림으로 만나는
재미있는 세상 !!